图书在版编目（CIP）数据

隋炀帝墓出土文物精粹 / 扬州市文物考古研究所编

著. -- 北京：文物出版社，2025. 3. -- ISBN 978-7

-5010-8749-5

Ⅰ. K878.82

中国国家版本馆CIP数据核字第20257VS423号

隋炀帝墓
出土文物精粹

扬州市文物考古研究所
编著

责任编辑：戴　茜

责任印制：王　芳

出版发行：文物出版社

社　　址：北京市东城区东直门内北小街 2 号楼

邮　　编：100007

网　　址：http://www.wenwu.com

邮　　箱：wenwu1957@126.com

经　　销：新华书店

印　　刷：天津裕同印刷有限公司

开　　本：889mm×1194mm　1/16

印　　张：15

版　　次：2025 年 3 月第 1 版

印　　次：2025 年 3 月第 1 次印刷

书　　号：ISBN 978-7-5010-8749-5

定　　价：320.00 元

隋炀帝墓
出土文物精粹

扬州市文物考古研究所
编著

文物出版社

隋炀帝墓出土文物精粹

编委会

主编

王小迎　刘　刚

副主编

魏　旭　薛炳宏　张富泉

编委
（按姓氏笔画排列）

王小迎　朱超龙　刘　刚　刘松林

闫　璘　池　军　孙　晨　吴一丹

张富泉　周　赟　赵　静　胡立珂

姚施华　秦宗林　薛炳宏　魏　旭

在中国历史的长河中，隋朝是一个短祚的朝代。隋炀帝杨广以其独特的政治手腕和宏大的治国抱负，留下了大业时期的短暂辉煌。作为隋朝的第二位皇帝，他的一生充满了传奇与争议，既有开疆拓土的壮举，也不乏劳民伤财的过失。无论历史如何评判，扬州曹庄隋炀帝陵墓的发现与考古发掘，为我们揭开了这位帝王身后世界的神秘面纱。

2013年3月，苏州市考古研究所、扬州市文物考古研究所在扬州市邗江区西湖街道（镇）西峰社区曹庄组抢救性发掘了两座砖室墓。在一号墓（M1）内发现了一合石质墓志，墓志志题「随故炀帝墓志」，引起了社会各界的关心和关注。国家文物局立即组织召开专家会议，对墓葬性质进行了初步认定。根据国家文物局、江苏省文物局的指示及专家意见，由南京博物院、扬州市文物考古研究所、苏州市考古研究所组成「扬州曹庄隋唐墓葬联合考古队」，进一步完善考古工作方案。2013年4月，联合考古队对墓葬及周边进行了全面的考古勘探和发掘，取得了重大成果。曹庄隋炀帝墓封土墩高出现地表1米以上，土墩平面近方形，东西长49、南北宽48米。隋炀帝墓（M1）位于封土墩的中部，主墓室呈方形，萧后墓（M2）位于其东部偏南，主墓室呈腰鼓形，两墓皆出墓道、甬道、主墓室、东耳室、西耳室等部分组成。通过科学的考古发掘、墓志文字的考释、墓主牙齿和骸骨的鉴定以及出土器物尤其是诸多高等级器物的研究，明确了这两座墓葬为隋炀帝与萧后的终葬之地。这一发现不仅纠正了历史文献中有关隋炀帝葬地的几种说法，更为我们提供了大量珍贵的考古学实物资料，为研究隋唐时期历史、文化、艺术乃至社会生活提供了前所未有的机遇。因此，扬州曹庄隋炀帝墓也荣膺「中国社会科学院考古学论坛·2013年中国考古新发现」和「2013年度全国十大考古新发现」。

隋炀帝墓发掘完成后，我所精选墓葬中出土的部分精品文物举办了多次展览，如在扬州博物馆举办的「流星王朝的遗辉——隋炀帝墓出土文物特展」「花树摇曳 钿钗生辉——萧后冠实验室考古与保护成果展」，在首都博物馆举办的「美·好·中华——近二十年考古成果展」，在镇江博物馆、南京市博物馆、扬州博物馆举办的「铲释三城——宁镇扬三地考古成果展」巡回展等。2015年，隋炀帝墓出土的四件鎏金铜铺首走出国门，前往日本参加了「九州国立博物馆开馆十周年纪念展」，产生了广泛的社会影响。2024年初，隋炀帝陵遗址公园建成试运营，隋炀帝墓出土文物在隋炀帝陵博物馆展出。值此时机，编撰出版隋炀帝墓出土精品文物图录，不仅是积极回馈社会，更是文化传承与共享的重要举措。

图录精选隋炀帝墓和萧后墓出土的220余件精品文物，旨在通过图片与文字的结合，展现这批珍贵文物的历史价值、艺术魅力与文化内涵。隋炀帝墓和萧后墓出土器物种类主要包括金器、玉器、铜器、陶器、瓷器、漆器、木器等高等级随葬品，其中，十三环蹀躞金玉带、玉璋、冠饰、铜编钟、铜编磬等高等级随葬品，每一件都承载着丰富的历史信息，诉说着隋炀帝时代的辉煌与沧桑，彰显着帝陵的格局与气度；造型各异、工艺精湛、塑造生动的文官俑、武士俑、骑马俑、怪异俑和动物俑等，展现了当时高超的工艺水平。这些出土文物，对推进隋唐时期的政治、经济、文化、社会生活、丧葬制度等领域的研究，具有十分重要的学术价值。

通过图录的展示，我们由衷期待广大读者可以领略隋炀帝墓出土文物的独特魅力。这些精品文物不仅是历史的见证，更是我们连接过去和未来的桥梁。让我们一同走进这个充满神秘与传奇的世界，探寻隋炀帝及其时代的繁华与幽隐。我们相信，对这些文物的鉴赏和研究，可以更好地传承和弘扬中华文化，为实现中华民族的伟大复兴贡献力量。

目录

萧后墓

隋炀帝墓志

（2013YCM1：15）

唐代
志盖边长63、厚18厘米
志石边长63、厚14厘米

由志盖与志石两部分组成。石质，初步判断为白云岩。志盖呈正方形，盝顶式，顶部有一近长方形铁质扁状物，锈蚀严重。志石呈正方形。由于受地下水严重侵蚀，志文局部漫漶不清，右上部因与志盖贴合紧密，石面保存较好，文字清晰。（刘刚）

NO. 001

隋故炀帝墓志
惟随大业十四年太岁戊寅三□
一日帝崩于扬州江都县□□
于流珠堂其年八月一日□
西陵荆棘芜秽□□□□
永异苍梧□□□□□
□以贞观元年太□
□朔十九日壬申太□
□葬炀帝之□□□
□礼也方□□□
……□□共川岳□□……

隨故煬帝墓誌
惟隨大業十四年
一日帝崩于楊州之
於挽塊堂其年
西陵荊棘當
與墓也
宣

隋煬帝墓

十三环蹀躞金玉带

（2013YCM1：14）

隋代

带扣直径3.5—5.5、厚0.3厘米

尖拱有孔銙底边长3.9、厚0.3厘米

方形镂空銙边长3.8—4、厚0.3厘米

方形附环銙边长3.8—4、厚0.3厘米

扣环外径3、内径1.2、厚0.3厘米

铊尾长8.1、厚0.5厘米

NO. 0 0 2

和田玉质，玉白莹润。由带扣、扣柄、带銙、
扣环及铊尾组成，共计33件。椭圆形带扣与
扣柄之间以铜轴相连，其后依次为方形镂空
銙1件、方形附环銙13件、方形镂空銙1件、
尖拱有孔銙2件、圆形扣环13件、铊尾1件。
扣柄、带銙、扣环背面均有金片，以金铆钉
衔接。（王小迎）

隋炀帝墓

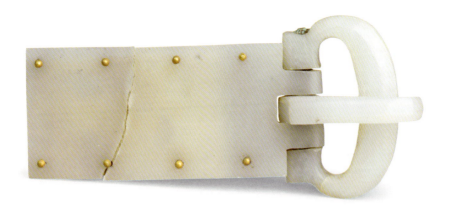

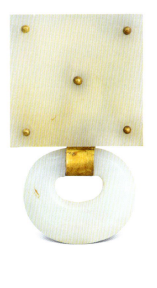

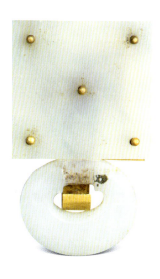

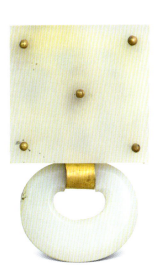

隋炀帝墓

NO. 003

玉簪

（2013YCM1 出土）

隋代

长 15、顶端直径 0.5 厘米

玉色洁白，光滑圆润。出土时断为两截。整体呈圆锥形，簪身笔直，顶端平圆，末端尖细。通体素面无纹，抛光精细。（薛炳宏）

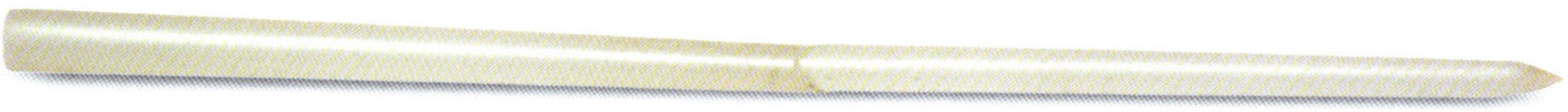

NO. **004**

鎏金铜铺首

（2013YCM1：3）

隋代

兽面宽 26、高 25 厘米

环外径 21、内径 16.5 厘米

通高 37.5 厘米

通体鎏金。由兽面、纽及环三部分组成。兽面眉目狰狞，阔口大张，利齿衔环，四角各有一圆孔，以便使用铆钉固定于门壁。环形纽连接方形底座，底座有一圆形贯穿插销孔，以防止衔环脱落。模制浇铸成形，表面錾刻，工艺精湛。（王小迎）

022

隋炀帝墓
出土文物精粹

鎏金铜铺首

（2013YCM1：4）

隋代

兽面宽25、高26厘米

环外径20.5、内径15.8厘米

通高37.5厘米

通体鎏金。由兽面、纽及环三部分组成。兽面眉目狰狞，阔口大张，利齿衔环，四角各有一圆孔，以便用铆钉固定于门壁。环形纽连接方形底座，底座有一圆形贯穿插销孔，以防止衔环脱落。模制浇铸成形，表面錾刻，工艺精湛。（王小迎）

鎏金铜铺首

（2013YCM1：11）

隋代

兽面宽 24.5、高 26 厘米

环外径 20、内径 15.3 厘米

通高 39 厘米

通体鎏金。由兽面、纽及环三部分组成。兽面眉目狰狞，阔口大张，利齿衔环，四角各有一圆孔，以便用铆钉固定于门壁。环形纽连接方形底座，底座有一圆形贯穿插销孔，以防止衔环脱落。模制浇铸成形，表面錾刻，工艺精湛。（王小迎）

隋炀帝墓
出土文物精粹

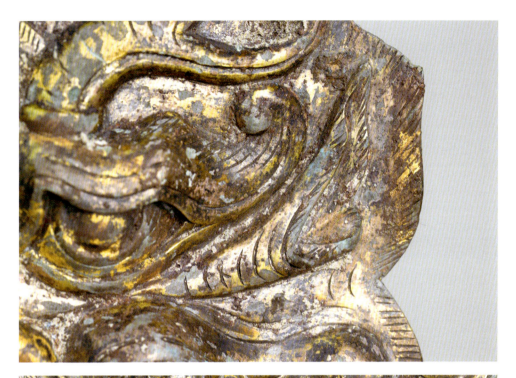

鎏金铜铺首

（2013YCM1：12）

隋代
兽面宽 24.5、高 27 厘米
环外径 20.5、内径 15.5 厘米
通高 39 厘米

通体鎏金。由兽面、纽及环三部分组成。兽面眉目狰狞，阔口大张，利齿衔环，四角各有一圆孔，以便用铆钉固定于门壁。环形纽连接方形底座，底座有一圆形贯穿插销孔，以防止衔环脱落。模制浇铸成形，表面錾刻，工艺精湛。（王小迎）

NO. **008**

铜铺首

（2013YCM1：10-1）

隋代

长 4.1、宽 4.3、厚 2.3 厘米

兽面和纽均残。兽面右眼圆睁，左耳竖立，衔环痕迹尚能辨别。整体锈蚀严重。（吴一丹）

NO. **009**

铜铺首

（2013YCM1：10-2）

隋代

长 5、宽 6、厚 1.8 厘米

兽面和纽均残。兽面双目圆睁，双眉弯卷，右耳向外竖立，鼻外凸。整体锈蚀较严重。（吴一丹）

NO. 010

铜净瓶

（2013YCM1：13-2）

隋代

口径 3.3、足径 5.2、高 15.5 厘米

侈口、尖唇，细长颈，颈肩交界处有一周凸棱，椭圆形腹，圈足外撇。分段铸造，口颈部、腹部及圈足焊接而成。内外壁锈蚀严重，并有铜绿色粉状锈。（薛炳宏）

NO. 011

铜带钩及铜带具

（2013YCM1：5）

隋代
带钩长 10.1、宽 3.2、厚 1.5 厘米
带具长 11、宽 2、厚 0.4 厘米

带钩整体呈弧状琵琶形，钩身较薄，顶端为兽首回勾，另一端宽面有一伞形钉柱，钉柱所据一圆孔，相邻仍有一圆孔，两孔间以长条形滑槽相连，似为可调节之用。素面。

带具呈长方形"L"状，器身较薄。正面阴线刻平雕细密纹饰，主体纹饰为龙纹，边饰为弦纹、连珠纹、锯齿纹。纹饰刻划细腻，流畅灵动。锈蚀较为严重。（朱超龙）

隋炀帝墓

铜带钩及铜带具

（2013YCM1：9）

隋代
带钩长 10.2、宽 3.1、厚约 1.5 厘米
带具长 10.8、宽 2.4、厚 0.8 厘米

带钩整体呈弧状琵琶形，钩身较薄，顶端为兽首回勾，另一端宽面有一伞形钉柱，钉柱所据一圆孔，相邻仍有一圆孔，两孔间以长条形滑槽相连，似为可调节之用。素面。锈蚀较严重。

带具呈长方形"L"状，器身较薄。正面阴线刻平雕细密纹饰，主体纹饰为龙纹，边饰为弦纹、连珠纹、锯齿纹。纹饰刻划细腻，流畅灵动。锈蚀较为严重。（朱超龙）

隋炀帝墓

铜碗

（2013YCM1：13）

隋代

口径 12.5、高 3.2 厘米

敞口微敛，方圆唇，浅弧腹，平底。口沿内外各有两周凹弦纹，外底有四周凹弦纹。锈蚀较为严重。（朱超龙）

陶文官俑

（2013YCM1：20）

唐代
宽 5.8、厚 3.9、高 17.3 厘米

泥质灰陶，前后合模制成。站姿。头戴小冠，部分残缺，面部模糊，眼微闭，口微张。身着交领宽袖长袍，履头微露于袍外。双手合拱于胸前，手间有一不贯通的圆孔，原应执物，已失。俑袍局部残存朱砂，大部分已脱落。（姚施华）

陶文官俑

（2013YCM1：27）

唐代

宽 6.7、厚 3.8、高 20.7 厘米

泥质灰陶，前后合模制成。站姿，身体微右倾。头戴小冠，头微上抬，目光上视，作愁面皱眉状。上着交领宽袖长袍，下着袴，双脚隐于袴内，微露圆头履尖。双手合拱于胸前，手间有一不贯通圆孔，原应执物，已失。俑袍局部残存朱砂，大部分已脱落。（姚施华）

陶文官俑

（2013YCM1：30）

唐代

宽 5.5、厚 3.2、高 17 厘米

泥质灰陶，前后合模制成。站姿。头戴小冠，目光平视。身着交领宽袖长袍，履头露于袍外。双手合拱于胸前，手间有一不贯通圆孔，原应执物，已失。俑袍残留朱砂痕，部分已脱落。（姚施华）

039

陶文官俑

（2013YCM1：31）

唐代
宽 5.5、厚 3.6、高 16.9 厘米

泥质灰陶，前后合模制成。站姿，头微左前倾。头戴小冠，面部残缺，身着交领宽袖长袍，履头露于袍外。双手合拱于胸前，手间有一不贯通圆孔，原应执物，已失。俑袍残留朱砂痕，大部分已脱落。（姚施华）

NO. 018

陶文官俑

（2013ŸCM1：32）

唐代

宽6.4、厚5、高17.4厘米

泥质灰陶，前后合模制成。站姿。头戴小冠，身着交领宽袖长袍，圆头履尖露于袍外。双手合拱于胸前，手间有一不贯通圆孔，原应执物，已失。俑袍残留朱砂痕，大部分已脱落。（姚施华）

陶文官俑

（2013YCM1：L1）

唐代
宽5.7、厚3.5、高16.2厘米

泥质灰陶，前后合模制成。站姿，头微转向右侧。头戴小冠，面目清晰。身着交领宽袖长袍，长袍覆盖脚面，微露圆头履尖。双手合拱于胸前，手间有一不贯通圆孔，原应执物，已失。俑袍残留朱砂痕，大部分已脱落。

（姚施华）

042

陶文官俑

（2013YCM1：35）

唐代

宽6.1、厚3.8、高17.5厘米

泥质灰陶，前后合模制成。站姿，头微前伸。头戴小冠，面目清晰。身着交领宽袖长袍，足部残缺。双手合拱于胸前，手间有一不贯通圆孔，原应执物，已失。俑袍残留朱砂痕，大部分已脱落。（朱超龙）

044

陶文官俑

（2013YCM1：36）

唐代

宽5.9、厚3.1、高16.1厘米

泥质灰陶，前后合模制成。站姿，昂首，头微右倾。头戴小冠，面目清晰。身着交领宽袖长袍，下部残缺。双手合拱于胸前，手间有一不贯通圆孔，原应执物，已失。俑袍残留朱砂痕，大部分已脱落。（朱超龙）

陶文官俑

（2013YCM1：40）

唐代

宽 5.7、厚 3.6、高 17 厘米

泥质灰陶，前后合模制成。站姿，头微右倾、前伸。头戴小冠，表情和善。身着交领宽袖长袍，圆头履尖露于袍外。双手合拱于胸前，手部残缺。俑袍残留朱砂痕，大部分已脱落。

（朱超龙）

陶文官俑

（2013YCM1：41）

唐代
宽6、厚3.9、高17.6厘米

泥质灰陶，前后合模制成。站姿，头微右倾。头戴小冠，表情和善。身着交领宽袖长袍，履头露于袍外。双手合拱于胸前，手间有一不贯通圆孔，原应执物，已失。俑袍残留朱砂痕，大部分已脱落。（朱超龙）

陶文官俑

（2013YCM1：46）

唐代
宽6、厚4.4、高19.4厘米

泥质灰陶，前后合模制成。站姿，头微右倾。头戴小冠，张口微笑。身着交领宽袖长袍，履尖露于袍外。双手合拱于胸前，手间有一不贯通圆孔，原应执物，已失。俑袍残留朱砂痕，大部分已脱落。（朱超龙）

陶文官俑

（2013YCM1：59）

唐代

宽 6、厚 3.9、高 17.5 厘米

泥质灰陶，前后合模制成。站姿，头微低。头戴小冠，面容残缺。身着交领宽袖长袍，履尖露于袍外。双手合拱于胸前，手间有一不贯通圆孔，原应执物，已失。俑袍残留朱砂痕，大部分已脱落。（朱超龙）

049

陶文官俑

（2013YCM1：68）

唐代

宽6.1、厚4.7、高20厘米

泥质灰陶，前后合模制成。站姿。头戴小冠，眉目清晰，表情平和。身着交领宽袖长袍，履头露于袍外。双手合拱于胸前，手间有一不贯通圆孔，原应执物，已失。整体线条刻划细腻，衣褶清晰可见。俑袍残留朱砂痕，大部分已脱落。（赵静）

隋炀帝墓
出土文物精粹

陶文官俑

（2013YCM1：103）

唐代
宽6、厚4.3、高19.7厘米

泥质灰陶，前后合模制成。站姿。头戴小冠，眉目清晰，目微俯视，唇下有小圆窝。身着交领宽袖长袍，履头露于袍外。双手合拱于胸前，手间有一不贯通圆孔，原应执物，已失。俑袍残留朱砂痕，大部分已脱落。（赵静）

051

陶文官俑

（2013YCM1：115）

唐代

宽 5.7、厚 3.8、高 17.1 厘米

泥质灰陶，前后合模制成。站姿，头微左倾。头戴小冠，面部较模糊，目视左侧，表情平和。身着交领宽袖长袍，履头露于袍外。双手合拱于胸前，手间有一不贯通圆孔，原应执物，已失。俑袍残留朱砂痕，大部分已脱落。（赵静）

陶文官俑

（2013YCM1：116）

唐代
宽 5.7、厚 3.6、高 16.5 厘米

泥质灰陶，前后合模制成。站姿，头微左倾。头戴小冠，面目清晰，细目阔鼻，抿嘴微笑，表情平和。身着交领宽袖长袍，履头微露于袍外。双手合拱于胸前，手间有一不贯通圆孔，原应执物，已失。俑袍等部位残留朱砂痕，大部分已脱落。（赵静）

隋炀帝墓

陶文官俑

（2013YCM1：117）

唐代
宽 5.7、厚 3.6、高 15.8 厘米

泥质灰陶，前后合模制成。站姿，昂首，头微右倾。头戴小冠，面目较模糊，张口微笑，表情平和。身着交领宽袖长袍，履头微露于袍外。双手合拱于胸前，手间有一不贯通圆孔，原应执物，已失。整体线条刻划细腻，衣褶清晰可见。俑袍残留朱砂痕，大部分已脱落。（赵静）

陶文官俑

（2013YCM1：119）

唐代
宽 6、厚 4.4、高 19.4 厘米

泥质灰陶，前后合模制成。站姿，头右倾。头戴小冠，面目清晰，张口微笑。身着交领宽袖长袍，履头微露于袍外。双手合拱于胸前，手间有一不贯通圆孔，原应执物，已失。俑袍残留朱砂痕，大部分已脱落。（薛炳宏）

陶文官俑

（2013YCM1：120）

唐代

宽5.9、厚3.6、高16.1厘米

泥质灰陶，前后合模制成。站姿，微昂首。头戴小冠，面容较清瘦，神情庄重。身着交领宽袖长袍，足部残缺。双手合拱于胸前，手间有一不贯通圆孔，原应执物，已失。俑袍残留朱砂痕，大部分已脱落。（薛炳宏）

陶文官俑

（2013YCM1 ∶ 121）

唐代

宽 6.3、厚 3.6、高 17.1 厘米

泥质灰陶，前后合模制成。站姿，头微左倾。头戴小冠，面容清瘦，抿嘴微笑。身着交领宽袖长袍，足部残缺。双手合拱于胸前，手间有一不贯通圆孔，原应执物，已失。俑袍残留朱砂痕，大部分已脱落。（薛炳宏）

陶文官俑

（2013YCM1：123）

唐代

宽 5.5、厚 3.9、高 16.4 厘米

泥质灰陶，前后合模制成。站姿，身、首微右倾。头戴小冠，面目模糊不清。身着交领宽袖长袍，履头露于袍外。双手合拱于胸前，手间有一不贯通圆孔，原应执物，已失。俑袍残留朱砂痕，大部分已脱落。（薛炳宏）

陶文官俑

（2013YCM1 ∶ 124）

唐代

宽 5.7、厚 4、高 16.2 厘米

泥质灰陶，前后合模制成。站姿、身、首微左倾。头戴小冠，表情庄重、严肃。身着交领宽袖长袍，履头露于袍外。双手合拱于胸前，手间有一不贯通圆孔，原应执物，已失。俑袍残留朱砂痕，大部分已脱落。（薛炳宏）

061

陶文官俑

（2013YCM1：125）

唐代

宽 5.8、厚 3.6、高 17 厘米

泥质灰陶，前后合模制成。站姿，头微左倾。头戴小冠，双目微闭，翘鼻，口微张，唇周有胡须，表情平和。身着交领宽袖长袍，足部残缺。双手合拱于胸前，手间有一不贯通圆孔，原应执物，已失。俑袍残留朱砂痕，大部分已脱落。（薛炳宏）

陶文官俑

（2013YCM1：126）

唐代

宽 5.6、厚 3.3、高 16.6 厘米

泥质灰陶，前后合模制成。站姿。头戴小冠，五官清晰，目视前方，抿嘴。身着交领宽袖长袍，足部残缺。双手合拱于胸前，手间有一不贯通圆孔，原应执物，已失。俑袍残留朱砂痕，大部分已脱落。（吴一丹）

陶文官俑

（2013YCM1：127）

唐代

宽 5.8、厚 3.9、高 17 厘米

泥质灰陶，前后合模制成。站姿。头戴小冠，五官清晰，目视前方。身着交领宽袖长袍，履头露于袍外。双手合拱于胸前，手间有一不贯通圆孔，原应执物，已失。俑袍残留朱砂痕，大部分已脱落。（吴一丹）

陶文官俑

（2013YCM1：128）

唐代

宽 6.1、厚 3.7、高 16 厘米

泥质灰陶，前后合模制成。站姿，头右倾。头戴小冠，五官清晰，目视前方，抿嘴。身着交领宽袖长袍，圆头履尖露于袍外。双手合拱于胸前，手间有一不贯通圆孔，原应执物，已失。俑袍等部位残留朱砂痕，大部分已脱落。（吴一丹）

隋炀帝墓

陶文官俑

（2013YCM1：130）

唐代

宽 5.6、厚 4.4、高 17.6 厘米

泥质灰陶，前后合模制成。站姿，身体前倾，低头。头戴小冠，面部圆润，细目阔鼻，抿嘴微笑，表情平和。身着交领宽袖长袍，足部残缺。双手合拱于胸前，手间有一不贯通圆孔，原应执物，已失。俑袍等部位残留朱砂痕，大部分已脱落。（吴一丹）

陶文官俑

（2013YCM1：131）

唐代

宽 5.6、厚 3.3、高 16.1 厘米

泥质灰陶，前后合模制成。站姿，昂首。头戴小冠，五官清晰，双目鼓凸，目视前方，高鼻，抿嘴。身着交领宽袖长袍，足部残缺。双手合拱于胸前，手间有一不贯通圆孔，原应执物，已失。俑袍残留朱砂痕，大部分已脱落。（吴一丹）

陶文官俑

（2013YCM1：132）

唐代
宽 5.6、厚 4.6、高 16.8 厘米

泥质灰陶，前后合模制成。站姿，头微低。头戴小冠，五官较清晰，俯视，高鼻，抿嘴。身着交领宽袖长袍，履头露于袍外。双手合拱于胸前，手间有一不贯通圆孔，原应执物，已失。俑袍残留朱砂痕，大部分已脱落。

（吴一丹）

071

陶文官俑

（2013YCM1：133）

唐代

宽6、厚3.9、高17.1厘米

泥质灰陶，前后合模制成。站姿，身左倾。头戴小冠，面部较清晰，目视前方。身着交领宽袖长袍，履头露于袍外。双手合拱于胸前，手间有一不贯通圆孔，原应执物，已失。俑袍残留朱砂痕，大部分已脱落。（刘松林）

陶文官俑

（2013YCM1：134）

唐代

宽5.9、厚4.6、高16.5厘米

泥质灰陶，前后合模制成。站姿，头微前倾。头戴小冠，面部较清晰，俯视，表情平和。身着交领宽袖长袍，履头微露于袍外。双手合拱于胸前，手间有一不贯通圆孔，原应执物，已失。俑袍残留朱砂痕，部分已脱落。

（刘松林）

NO. **045**

陶文官俑

（2013YCM1：136）

唐代

宽 5.8、厚 3.9、高 16.8 厘米

泥质灰陶，前后合模制成。站姿，低头，头微右倾。头戴小冠，闭眼，抿嘴，唇下有胡须。身着交领宽袖长袍，履头露于袍外。双手合拱于胸前，手间有一不贯通圆孔，原应执物，已失。俑袍朱砂痕明显，保存较好。

（刘松林）

075

隋炀帝墓
出土文物精粹

陶文官俑

（2013YCM1：137）

唐代

宽6.2、厚4、高20.2厘米

泥质灰陶，前后合模制成。站姿，头微低。头戴小冠，闭目沉思，小口，唇下有胡须。身着交领宽袖长袍，足部残缺。双手合拱于胸前，手间有一不贯通圆孔，原应执物，已失。俑袍残留朱砂痕，大部分已脱落。

（刘松林）

陶文官俑

（2013YCM1：138）

唐代
宽 5.7、厚 3.4、高 16.5 厘米

泥质灰陶，前后合模制成。站姿。头戴小冠，目视前方，面容祥和。身着交领宽袖长袍，圆头履尖露于袍外。双手合拱于胸前，手间有一不贯通圆孔，原应执物，已失。俑袍残留朱砂痕，大部分已脱落。（刘松林）

陶文官俑

（2013YCM1 ：139）

唐代
宽 5.5、厚 3.3、高 17.2 厘米

泥质灰陶，前后合模制成。站姿。头戴小冠，揪脸皱眉，眯眼，嘟嘴，表情怪异。身着交领宽袖长袍，足部残缺。双手合拱于胸前，手间有一不贯通圆孔，原应执物，已失。俑袍残留朱砂痕，大部分已脱落。（刘松林）

陶文官俑

（2013YCM1：140）

唐代

宽5.8、厚3.5、高16.5厘米

泥质灰陶，前后合模制成。站姿，头微前倾。头戴小冠，面目清晰，俯视下方。身着交领宽袖长袍，履头露于袍外。双手合拱于胸前，手间有一不贯通圆孔，原应执物，已失。俑袍残留朱砂痕，部分已脱落。（姚施华）

NO. **050**

陶文官俑

（2013YCM1：142）

唐代

宽 5.5、厚 3.6、高 16.8 厘米

泥质灰陶，前后合模制成。站姿。头戴小冠，面目清晰，目视前方，阔鼻，抿嘴微笑。身着交领宽袖长袍，履头露于袍外。双手合拱于胸前，手间有一不贯通圆孔，原应执物，已失。俑袍等部位残留朱砂痕，大部分已脱落。（姚施华）

隋炀帝墓

陶文官俑

（2013YCM1：143）

唐代

宽6、厚3.9、高19.2厘米

泥质灰陶，前后合模制成。站姿，头微左前倾。头戴小冠，目视下方，面带微笑。身着交领宽袖长袍，履头露于袍外。双手合拱于胸前，手间有一不贯通圆孔，原应执物，已失。俑袍残留朱砂痕，大部分已脱落。（姚施华）

NO. **052**

陶文官俑

（2013YCM1：144）

唐代
宽 5.5、厚 3.7、高 16.8 厘米

泥质灰陶，前后合模制成。站姿。头戴小冠，面部复原。身着交领宽袖长袍，履头露于袍外。双手合拱于胸前，手间有一不贯通圆孔，原应执物，已失。俑袍残留朱砂痕，大部分已脱落。（姚施华）

隋炀帝墓

NO. **053**

陶文官俑

（2013YCM1：155）

唐代

宽 5.5、厚 3.8、高 16.9 厘米

泥质灰陶，前后合模制成。站姿。头戴小冠，面目清晰。身着交领宽袖长袍，圆头履尖露于袍外。双手合拱于胸前，手间有一不贯通圆孔，原应执物，已失。俑袍残留朱砂痕，大部分已脱落。（姚施华）

陶文官俑

（2013YCM1：159）

唐代
宽6.5、厚4.3、高19.1厘米

泥质灰陶，前后合模制成。站姿，上身微前倾。头戴小冠，方脸，浓眉大眼，高鼻，眉骨、颧骨突出，抿嘴，络腮胡。身着交领宽袖长袍，履头露于袍外。双手合拱于胸前，手间有一不贯通圆孔，原应执物，已失。俑袍等部位残留朱砂痕，大部分已脱落。（秦宗林）

087

陶仪仗俑

（2013YCM1 出土）

唐代

宽 5.5、厚 4、高 18.3 厘米

泥质灰陶，前后合模制成。站姿，低头，头微右倾。头戴圆顶披肩风帽，目光俯视，面容平和。身着圆领直襟半袖袍，腰间系带，下着宽口裤，足蹬靴。双手合拱于胸前，手间有一不贯通圆孔，原应执物，已失。风帽残留朱砂痕，大部分已脱落。（吴一丹）

陶仪仗俑

（2013YCM1：43）

唐代
宽6、厚4.2、高17.7厘米

泥质灰陶，前后合模制成。站姿。头戴圆顶披肩风帽，面部较模糊。身着圆领直襟半袖袍，腰间系带，下着宽口裤，足蹬靴。双手合拱于胸前，手间有一不贯通圆孔，原应执物，已失。风帽及外袍等部位残留朱砂痕，大部分已脱落。（吴一丹）

陶仪仗俑

（2013YCM1：47）

唐代
宽5.5、厚4.2、高18厘米

NO. 0 5 7

泥质灰陶，前后合模制成。站姿，头微向左
旋转。头戴圆顶披肩风帽，目视左下方，面
容平和。身着圆领直襟半袖袍，腰间系带，
下着宽口裤，足蹬靴。双手合拱于胸前，手
间有一不贯通圆孔，原应执物，已失。风帽
及外袍等部位残留朱砂痕，保存相对较好。

（吴一丹）

NO. **058**

陶仪仗俑

（2013YCM1：62）

唐代

宽6.6、厚4.5、高18厘米

泥质灰陶，前后合模制成。站姿，上身微前倾，低头，头微左倾。头戴圆顶披肩风帽，面部较模糊，目视下方。身着圆领直襟半袖袍，腰间系带，下着宽口裤，足蹬靴。双手合拱于胸前，手间有一不贯通圆孔，原应执物，已失。风帽及外袍残留朱砂痕，大部分已脱落。（吴一丹）

陶仪仗俑

（2013YCM1：65）

唐代

宽 5.6、厚 4.5、高 16.8 厘米

泥质灰陶，前后合模制成。站姿。头戴圆顶披肩风帽，圆脸，面部清晰，面带微笑。身着圆领直襟半袖袍，腰间系带，下着宽口裤，足蹬靴。双手合拱于胸前，手间有一不贯通圆孔，原应执物，已失。风帽及外袍残留朱砂痕，大部分已脱落。（赵静）

NO. **060**

陶仪仗俑

（2013YCM1：105）

唐代
宽 6.9、厚 4.9、高 19.2 厘米

泥质灰陶，前后合模制成，背部扁平。站姿。头戴披肩风帽，帽顶浑圆，方脸，阔鼻，唇角微上扬。身着圆领紧身直襟半袖袍，腰间系带，下着宽口裤，足蹬靴。双手合拱于胸前，手间有一不贯通圆孔，原应执物，已失。风帽及外袍残留朱砂痕，大部分已脱落。（赵静）

094

隋炀帝墓
出土文物精粹

陶仪仗俑

（2013YCM1：163）

唐代
宽5.3、厚3.6、高17.3厘米

NO. 061

泥质灰陶，前后合模制成，背部较平。站姿，头微低。头戴圆顶披肩风帽，圆脸，塌鼻，抿嘴，表情平和。身着圆领紧身直襟半袖袍，腰间系带，下着宽口裤，足蹬靴。双手合拱于胸前，手间有一不贯通圆孔，原应执物，已失。风帽及外袍残留朱砂痕，大部分已脱落。（赵静）

陶仪仗俑

（2013YCM1：164）

唐代

宽 5.8、厚 4.2、高 16.8 厘米

泥质灰陶，前后合模制成，背部较平。站姿，身体右倾，略作后仰状。头戴圆顶披肩风帽，圆脸，眉目清晰，面带微笑。身着圆领紧身直襟半袖袍，腰间系带，下着宽口裤，足部残缺。双手合拱于胸前，手间有一不贯通圆孔，原应执物，已失。风帽及外袍残留朱砂痕，大部分已脱落。（赵静）

陶甲骑具装俑

（2013YCM1：145）

唐代

长20、宽9.8、高26.9厘米

泥质灰陶，由战马、骑士两部分分塑、黏合烧制而成。马站立，微屈首转向左侧，双耳耸立，额顶凸起，两前肢叉立，两后肢并立，短尾贴身。身披重装铠，背有鞍鞯。鞍上乘一骑士，身略后仰。头戴圆顶披肩风帽，圆脸，目视前方。身着重铠，足蹬半高靴。双臂屈肘置于身侧，双手握拳，手中各有一贯通的圆孔，原应持有兵器等，已失，双腿紧贴马身。俑身及马身铠甲均残留白色化妆土和朱砂痕，大部分已脱落。（周赟）

陶甲骑具装俑

（2013YCM1：147）

唐代

长 25.1、厚 3.6、高 27 厘米

NO. 0 6 4

泥质灰陶，由战马、骑士两部分分塑、黏合烧制而成。马站立，昂首，双耳耸立，目前视，面带当卢，四肢叉立，右前肢、后肢微屈，掌稍离地。身披重装铠甲，背有鞍鞯。鞍上乘一骑士，身左倾。头戴圆顶披肩风帽，圆脸，面微向右。身后带箭筒。双臂屈肘置于身侧，双手握拳，手中各有一贯通的圆孔，原应持有兵器等，已失，双腿紧贴马身。局部残留白色化妆土和朱砂痕，大部分已脱落。

（周赟）

陶甲骑具装俑

（2013YCM1：157）

唐代

长 22.1、宽 11.6、高 29.5 厘米

泥质灰陶，由战马、骑士两部分分塑、黏合烧制而成。马站立，昂首，四肢残缺，尾尖垂出铠甲外。身披重装铠甲，背有鞍鞯。鞍上乘一骑士。头戴披肩风帽，顶微凸尖，圆脸，昂首前视。身后带箭筒。双臂屈肘置于身侧，双手握拳，手中各有一贯通的圆孔，原应持有兵器等，已失，双腿紧贴马身。局部残留白色化妆土和朱砂痕，大部分已脱落。

（周赟）

陶甲骑具装俑

（2013YCM1：158）

唐代

长 22.4、宽 10.5、高 27.5 厘米

泥质灰陶，由战马、骑士两部分分塑、黏合烧制而成。马站立，身微右倾，四肢残缺，尾尖垂出铠甲外。身披重装铠甲，背有鞍鞯。鞍上乘一骑士，低头，身微右倾。头戴圆顶披肩风帽，圆脸，面向右，眉目清晰。双臂屈肘置于身侧，双手握拳，手中各有一贯通的圆孔，原应持有兵器等，已失，双腿紧贴马身。局部残留白色化妆土和朱砂痕，大部分已脱落。（周赟）

陶甲骑具装俑

（2013YCM1：179）

唐代

长 23.2、宽 8.9、残高 20.5 厘米

马四肢皆残。泥质灰陶，由战马、骑士两部分分塑、黏合烧制而成。马首右沉，昂颈侧视。身披重装铠甲，背有鞍鞯。鞍上乘一骑士，身左倾。头戴圆顶披肩风帽，圆脸，目视前方，表情平和。身后左、右两侧皆斜挎箭袋，左侧箭袋之上另有佩剑。双臂屈肘置于身侧，双手握拳，手中各有一贯通的圆孔，原应持有兵器等，已失，双腿紧贴马身。局部残留白色化妆土和朱砂痕，大部分已脱落。

（张富泉）

陶甲骑具装俑

（2013YCM1：171）

唐代
长 24.2、宽 9.8、高 25.5 厘米

泥质灰陶，由战马、骑士两部分分塑、黏合烧制而成。马站立，垂首，微向左折，四肢叉立，尾尖垂出铠甲外。身披重装铠甲，背有鞍鞯。鞍上乘一骑士，头左倾。头戴圆顶披肩风帽，圆脸，目视前方，表情平和。身后右侧斜挎箭袋。双臂屈肘置于身侧，双手握拳，手中各有一贯通的圆孔，原应持有兵器等，已失，双腿紧贴马身。局部残留白色化妆土和朱砂痕，大部分已脱落。（张富泉）

陶骑马俑

（2013YCM1：150）

唐代

长 26.4、宽 12.2、高 27.5 厘米

泥质灰陶，由战马、骑士两部分分塑、黏合烧制而成。马站立，垂首，颈拱起，四肢残缺，尾下垂。身未披甲，鞍鞯齐全。鞍上乘一骑士，身微左倾。头戴圆顶披肩风帽，圆脸，面部清晰。双臂屈肘置于身侧，双手握拳，手中各有一贯通的圆孔，原应持有兵器等，已失，双腿紧贴马身。局部残留白色化妆土和朱砂痕，大部分已脱落。（周赟）

陶骑马俑

（2013YCM1：174）

唐代

长 30.8、宽 10.4、高 25.4 厘米

泥质灰陶，由战马、骑士两部分分塑、黏合烧制而成。马站立，垂首，昂颈，四肢叉立，劲健有力。背有鞍鞯。鞍上乘一骑士，头左倾。头戴圆顶披肩风帽，圆脸，目视前方，表情平和。身后左侧斜挎箭袋。双臂屈肘置于身侧，双手握拳，手中各有一贯通的圆孔，原应持有兵器等，已失，双腿紧贴马身。局部残留白色化妆土和朱砂痕，大部分已脱落。（张富泉）

陶骑马俑

（2013YCM1：181）

唐代

长 22.5、宽 10.7、高 26.5 厘米

NO. 071

泥质灰陶，由战马、骑士两部分分塑、黏合烧制而成。马站立，垂首稍右倾，额前鬃毛中分，昂颈，四肢叉立，劲健有力。背有鞍鞯。鞍上乘一骑士。头戴披肩风帽，顶微凸尖，圆脸，目视前方，表情平和。腰间系带，身后右侧斜挎箭袋。双臂屈肘置于身侧，双手握拳，手中各有一贯通的圆孔，原应持有兵器等，已失，双腿紧贴马身。局部残留白色化妆土和朱砂痕，大部分已脱落。（张富泉）

陶骑马俑

（2013YCM1：182）

唐代
长24、宽9.5、高24.8厘米

泥质灰陶，由战马、骑士两部分分塑、黏合烧制而成。马站立，垂首，额前鬃毛中分，昂颈，四肢叉立，劲健有力。背有鞍鞯。鞍上乘一骑士，身左倾。头戴圆顶披肩风帽，圆脸，目视前下方，表情平和。腰间系带，身后右侧斜挎箭袋。双臂屈肘置于身侧，双手握拳，手中各有一贯通的圆孔，原应持有兵器等，已失，双腿紧贴马身。局部残留白色化妆土和朱砂痕，大部分已脱落。（张富泉）

NO. **073**

陶马俑

（2013YCM1 ：151）

唐代

长 25、宽 10.5、高 12.4 厘米

泥质灰陶。马站立，首略下垂，颈拱起，前肢略屈，尾贴体下垂。背有鞍鞯，垫毯长垂。局部残留白色化妆土和朱砂痕，大部分已脱落。（周赟）

陶骑士俑

（2013YCM1∶84）

唐代

宽 6.1、厚 4.9、残高 12.4 厘米

骑士下肢残缺，马俑缺。泥质灰陶，前后合模制成。头戴披肩风帽，帽顶浑圆，圆脸，眉目清晰，表情平和。身着圆领紧身直襟半袖袍，腰间系带。左手握于胸前，右手平握，左右手各有一贯通的小圆孔，原应持有兵器，已失。俑身残留白色化妆土，风帽及外袍残留朱砂痕，大部分已脱落。（赵静）

陶双人首鸟身俑

（2013YCM1：160）

唐代

长 29.5、宽 10.5、高 17.5 厘米

NO. **0 7 5**

泥质灰陶，前后合模制成。人首相背，均呈昂立状。头戴小冠，双眉前凸，高鼻抿口，表情平和。人首下与鸟身相连，身体刻划出羽毛。表面残存白色化妆土和朱砂等，大部分已脱落。（刘刚）

陶狗

（2013YCM1：67）

唐代

长 15.5、宽 3.9、高 10 厘米

泥质灰陶。头低垂前伸，目视前方，两耳竖立，嘴微张。身体精瘦，四肢站立，前肢向两侧"八"字叉开，重心略后移，后肢微屈，前后叉开，卷尾。形象生动，具有动感。外表残存白色化妆土，大部分已脱落。（刘松林）

陶器盖

（2013YCM1：94）

唐代
直径 12.3、高 5.3 厘米

泥质灰陶，陶质细腻、坚致。子口，盖面弧
形隆起，顶部中心有一蘑菇形纽。器表残留
白色化妆土，大部分已脱落。（赵静）

陶直领罐

唐代

2013YCM1：16
口径9.5、腹径20、底径12.3、高23.8厘米

2013YCM1：74
口径7.4、腹径19.1、底径13.3、通高29.5厘米

NO. 078

7件，仅1件无盖。泥质灰陶，陶质细腻、坚致。轮制。盖子口，盖面微隆，顶部中心有一柱形或蘑菇形纽。器身直口，方唇或圆唇，直颈，溜肩，深弧腹，下腹斜收，平底。器表残留白色化妆土，大部分已脱落。（胡立珂）

2013YCM1：92
口径11.6、腹径23、底径14.4、通高27厘米

124

2013YCM1：93

口径8.5、腹径21.1、底径15.5、通高21.7厘米

2013YCM1：99

口径8、腹径21、底径13.8、通高29.5厘米

2013YCM1：101

口径8.5、腹径22.4、底径14、通高31厘米

2013YCM1：102

口径8.5、腹径21、底径13.2、通高27.9厘米

隋炀帝墓

隋炀帝墓

陶敛口罐

唐代

10件。泥质灰陶，陶质细腻、坚致。轮制。部分有盖。盖子口，盖面微隆，顶部中心有一蘑菇形纽。器身敛口，尖唇，部分沿面有一周弧凹槽，溜肩，深弧腹，下腹内收，平底。器表残留白色化妆土，大部分已脱落。

（胡立珂）

2013YCM1：91
口径10.5、腹径24、底径15、通高28.8厘米

2013YCM1：49

口径13.5、腹径22.6、底径22.6、高28.5厘米

2013YCM1：54

口径11.5、腹径23、底径13.6、高27.5厘米

2013YCM1：73

口径10.3、腹径23.3、底径15、高26.4厘米

2013YCM1：88

口径11.2、腹径22.9、底径13.8、高32.3厘米

2013YCM1：95

口径12、腹径22.1、底径15.3、高25.5厘米

2013YCM1：96

口径12、腹径22.8、底径15.3、高25.5厘米

2013YCM1：98

口径11.4、腹径22.8、底径14、高28.1厘米

2013YCM1：53

口径13、腹径22.1、底径15.2、通高27.5厘米

2013YCM1：89

口径11.2、腹径22.5、底径13.7、通高32.3厘米

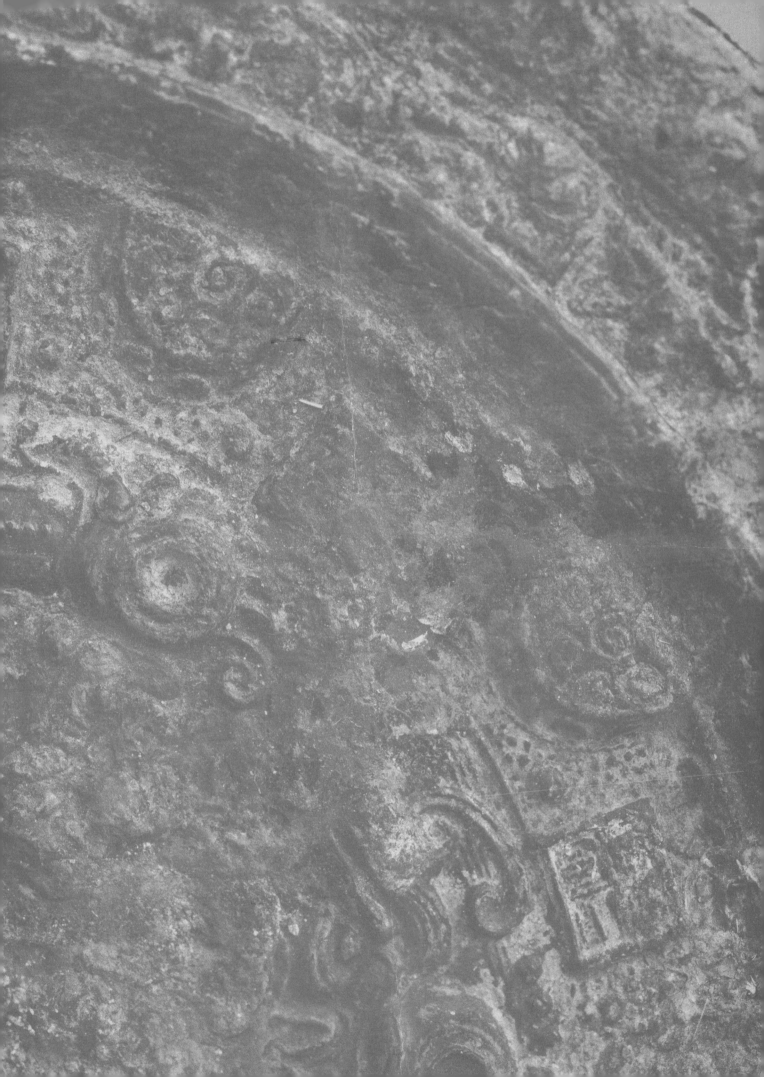

玉璋

（2013YCM2∶78）

唐代

长 22.7—27、宽 3.9、厚 0.8 厘米

NO. 0 0 1

青玉质，玉色润泽。扁平长方体，上端为斜锐角，似半圭之形。通体素面无纹，抛光精细。（王小迎）

132

金钗

（2013YCM2 出土）

隋代
长 5.9、宽 0.9 — 1、厚 0.1 厘米

金质，实心。U形双股，钗首中间略厚，两
端方折，钗脚尖细。通体光滑，做工精细。
（王小迎）

萧后墓

NO. **003**　　　　　　　　铜编钟

（2013YCM2：3）

唐代
鼓径 6 — 12.7、舞径 4 — 8 厘米
高 11.4 — 22.3 厘米

1套，由编钟架、编钟组成。编钟架为木质，已朽。编钟共16件，整体造型相同，大小依次排列。出土时，除1件破裂外，均保存完好。表面均锈蚀严重，均未进行除锈处理。胎体厚实，个体较小。钟体呈圆筒状、平舞，舞部以下腔体渐扩，直至于口。舞面置竹节圆柱状矮甬，有幹，幹上另套圆环，再配钟钩。钟腔两面纹饰相同。腔面上部以双阳线框隔，设枚、篆、钲区。篆实际不存，仅以双阳线代之。枚作乳丁状，每面两区，每区三行，每行三枚。腔面下部为鼓，鼓部较长。于口弧曲上凹，铣角明确；外缘设素宽带为外唇，两铣同用宽带饰边。钟体内腔平整，无音梁等设施，亦无调音锉磨痕迹。（魏旭）

萧后墓

铜编磬

（2013YCM2：4）

唐代
长 11.7 — 23.4 厘米

共20件，造型相同，大小依次序排列。平面上下均为倨句形，磬折为147°，磬折处饰卷云纹，穿一孔，孔内有一铜条曲折而成的铜环。股长与鼓长相近，股博与鼓博相近。模铸。锈蚀较为较重。
（秦宗林）

隋炀帝墓
出土文物精粹

萧后墓

萧后墓

鎏金铜烛台

唐代

2013YCM2：5
上盘口径10.4、底径12.4、高19厘米

NO. 005

2013YCM2：2
上盘口径10.4、底径12.4、高19厘米

2013YCM2：6
上盘口径10.3、底径12.8、高19厘米

9件。形制相同，大小相近。由烛持及大、小两个圆形承盘组合而成。烛持呈空心圆柱状，直口，方唇，粗矮颈，承盘间以竹节状亚腰形把柄连接，喇叭形底座。大、小承盘形制相同，敞口，斜直壁微曲，平底，中空。器身通体鎏金。分段铸造。锈蚀严重。（魏旭、秦宗林）

2013YCM2：7
上盘口径10.4、底径12.6、高19厘米

2013YCM2：8
上盘口径10.4、底径12.5、高19厘米

2013YCM2：10
上盘口径10.4、底径12.5、高18.8厘米

2013YCM2：11
上盘口径10.4、底径12.6、高19厘米

2013YCM2：13
上盘口径10.4、底径12.9、高19.2厘米

2013YCM2：132
上盘口径10.4、底径14.8、高17.3厘米

143

萧后墓

带盖铜灯

（2013YCM2：DT-1）

唐代

盖径9.7、口径7.2、足径5.5厘米

通高10.9厘米

由灯盖、灯身两部分组成。灯盖整体呈盉形，顶面较平，中心有一兽纽。灯身整体呈豆形，浅盆形口，柄部较长，喇叭形圈足。分段铸造。锈蚀严重。（朱超龙）

149

铜香炉

（2013YCM2：XL-1）

唐代

直径 10.1、通高 16.1 厘米

由炉盖、炉身两部分组成。炉盖作博山顶，表面呈峰峦层叠起伏状，顶部附一踞虎形纽，作仰天咆哮状，虎口与器身相通，以便烟香外熏，盖底与炉身扣合处附三铆钉作为固定。炉身直口，卷沿，方唇，上腹较直，下腹微内收，平底，腹下附五外撇兽蹄形足。外壁饰四周凸棱。器表鎏金。分段铸造，腿部焊接。锈蚀较为严重。（朱超龙）

铜剪

（2013YCM2：121）

唐代

长 22.3、最宽处 5 厘米

交股曲环，剪柄呈"8"字形，在手把上形成
一个回环，便于用力，刀口较长，刃部突显。
器形规整，左右对称，曲线优美。器表锈蚀。

（刘刚）

铜带钩

（2013YCM2：12）

唐代
长 7.5、宽 3.1、厚 2.1 厘米

整体呈弧形琵琶状，顶端回勾，背面为伞形
钩纽。素面。器表锈蚀严重。（朱超龙）

萧后墓

神兽纹铜镜

（2013YCM2：242）

唐代

直径 13.9、厚 0.5 厘米

圆形，圆纽，圆纽座。镜背纹饰分内、外两区。内区高浮雕数组神兽，绕纽环列。外区珍珠地纹上有12个半圆和12个方枚相间排列，半圆内为涡纹，方枚中各有四字，共有48字，锈蚀难辨。外缘饰云气瑞鸟纹和涡纹，并以连珠纹间隔。模铸。表面锈蚀严重。

（吴一丹）

青釉辟雍砚

（2013YCM2：77）

唐代
口径 21.4、底径 20.6、通宽 25.6、高 7.3 厘米

NO. 0 1 1

圆形。圆唇，直壁，底微内凹，底边附等距排列的19只蹄足。外壁有三周凹弦纹，足面阴刻兽面纹。砚面圆形内凹，研磨光滑，砚面外缘为一周半弧形水槽。外壁置两两相对的罐形小水盂，作笔捻之用。胎体厚重。水槽及外壁施青釉，砚面及底无釉，无釉处近窑红色，砚面中部露灰胎，似研磨所致。（张富泉）

青釉碗

（2013YCM2：25）

唐代
口径 15.1、足径 7.8、高 7.8 厘米

敞口，圆唇，斜弧腹，饼足，足底微内凹。外口沿刻划两周凹弦纹，外壁下腹近足处有三周旋削痕。灰胎，胎质较细腻、致密。采用蘸釉法施釉，内外壁施青釉均不及底，釉层较薄，外壁釉面有波浪釉纹，口沿有剥釉现象，釉面光泽感不强。（刘松林）

159

陶文官俑

（2013YCM2：61）

唐代

宽20、厚9.5、高44.5厘米

泥质灰陶，前后合模制成。站姿，身略前倾，头微低。头戴冠，方脸，浓眉大眼，阔鼻，眉骨、颧骨突出，抿嘴，络腮胡。身着交领宽袖长袍，腰间系带，袍下圆头履外露。双臂屈肘置于胸前，手部残缺。背部刻划衣裙与腰部宽带。俑袍残存白色化妆土、朱砂痕，大部分已脱落。（秦宗林）

NO. **014**

陶执盾武士俑

（2013YCM2：62）

唐代

宽 12.6、厚 8、高 39.5 厘米

泥质灰陶。站姿，足尖向前。头戴尖顶兜鍪，顿项护耳，方脸，浓眉大眼，口微张。颈部围项护，上着铠甲，两肩有覆膊，甲身前各有一小圆护，腰间系带，下着齐膝长袍，足蹬尖头短靴。左臂屈肘，左手握拳上举于胸前，拳心有空，原应持物，已失；右臂屈肘，右手放于盾上，手指张开，护持盾尖，盾置于脚面之上。盾面呈弧形，中间起脊，无纹饰。俑身残留白色化妆土和朱砂痕，大部分已脱落。（闫璘）

163

陶执盾武士俑

（2013YCM2：83、100）

唐代

宽14.8、厚9.2、高42.2厘米

泥质灰陶。站姿，足尖向前。头戴尖顶兜鍪，顶有缨饰，耳部两侧有护耳，方脸，浓眉，圆目，阔鼻，抿嘴微张。颈部围项护，上着铠甲，两肩有濩膊，甲身前各有一小圆护，腰间系带，下着齐膝长袍，足蹬尖头短靴。左臂屈肘，左手握拳上举于胸前，拳心有空，原应持物，已失；右臂屈肘，右手放于盾上，手指张开，护持盾尖，盾置于右脚之上。盾面呈弧形，中间起脊，无纹饰。俑身局部残留白色化妆土和朱砂痕，大部分已脱落。（闫璘）

萧后墓

陶执盾武士俑

（2013YCM2：81）

唐代

宽13、厚6.7、高38.5厘米

泥质灰陶。站姿，双脚呈"丁"字形。头戴兜鍪，耳部两侧有护耳，方脸，浓眉，圆目，阔鼻，抿嘴。颈部围项护，上着铠甲，两肩有覆膊，甲身前各有一小圆护，腰间系带，下着齐膝长袍，足蹬尖头短靴。左臂屈肘，左手握拳上举于胸前，拳心有空，原应持物，已失；右臂屈肘前伸，右手执盾，盾置于右脚之上。盾面呈弧形，中间起脊，无纹饰。俑身残留白色化妆土，铠甲、盾面局部残存朱砂痕，大部分已脱落。（闫璘）

陶双人首蛇身俑

（2013YCM2：102）

唐代

长 37、宽 6.3、高 28 厘米

泥质灰陶。双人首蛇身，身体上扬，俑身拱起，两尾相连，组成一个半环形。人首束发，高髻，表情祥和，相对而视。前肢着地。外表残留白色化妆土和朱砂痕，大部分已脱落。

（刘刚）

169

陶骆驼

（2013YCM2：199）

唐代
长50、宽12、高51厘米

泥质灰陶，陶质细腻。昂首前视，双目圆瞪，口微张，长曲颈。身体精瘦，腹部微鼓。驼背上双峰，前峰偏右，后峰偏左，尾粗短弯曲于一侧。四肢站立，腿细长，偶蹄宽大，前肢直立，后肢欲卧，两后肢之间塑一雄性生殖器。驼毛刻划细腻，颈项披鬃，颈下嗉毛发达，四肢上半部有肘毛。外表残留白色化妆土和朱砂等彩绘痕迹，大部分已脱落。

（刘刚）

NO. 019

陶牛

（2013YCM2：112）

唐代

长 35、宽 12.2、高 22.7 厘米

泥质灰陶。牛首直挺，双目圆睁，两角短而上翘。颈下垂肉发达，身体粗壮而圆硕，肩部高耸，腰部凹陷，尾弯曲贴于体侧。四肢站立，粗短有力。形象生动、逼真，劲健威猛。外表残留白色化妆土，大部分已脱落。

（魏旭）

陶牛

（2013YCM2：113）

唐代

长 37.5、宽 12.4、高 25 厘米

泥质灰陶。牛首右转，双目圆睁，注视前方，两角短而上翘。颈下垂肉发达，有多道褶皱，身体粗壮而圆硕，背腰平直，尾盘曲于左臀。四肢站立，粗短有力。形象生动、逼真，劲健威猛。外表残留白色化妆土，大部分已脱落。（魏旭）

陶牛

（2013YCM2：114）

唐代

长40、宽12、高27.7厘米

泥质灰陶。牛首低垂，双目圆睁，两角短而上翘。颈下垂肉发达，身体粗壮而圆硕，腰部凹陷，尾盘曲于右臀。四肢站立，粗短有力。形象生动、逼真，劲健威猛。外表残留白色化妆土，大部分已脱落。（魏旭）

175

萧后墓

陶牛

（2013YCM2：175）

唐代
长35、宽12.2、高22.7厘米

泥质灰陶。昂首挺胸，双目圆睁，平视前方，两角短而上翘。颈下垂肉发达，身体粗壮而圆硕，腰部凹陷，尾弯曲贴于体侧，裆部低垂。四肢站立，粗短有力，左右错开，作奔跑状。形象生动。外表残留白色化妆土，大部分已脱落。（魏旭）

陶牛

（2013YCM2：176）

唐代
长 35、宽 12.2、高 22.7厘米

泥质灰陶。昂首微右倾，双目圆睁，两角短
而上翘。颈下垂肉发达，身体粗壮而圆硕，
腰部凹陷，尾弯曲贴于体侧。四肢站立，粗
短有力，左右错开。形象生动、逼真。外表
残留白色化妆土，大部分已脱落。（魏旭）

177

萧后墓

陶牛

（2013YCM2：177）

唐代

长 43.5、宽 13、高 25.3 厘米

泥质灰陶。侧首低垂，双目圆睁，两角短而上翘。颈下垂肉发达，身体粗壮而圆硕，腰部略凹，尾弯曲贴于体侧。四肢站立，粗短有力，前肢前伸，后肢略弯，蓄势待发。形象生动、逼真，劲健威猛。外表残留白色化妆土，大部分已脱落。（魏旭）

萧后墓

陶牛

（2013YCM2：179）

唐代

长36、宽11、高23.6厘米

泥质灰陶。侧首低垂，双目圆睁，两角短而上翘。颈下垂肉发达，身体粗壮而圆硕，背腰平直，尾盘曲于后脊背。四肢站立，粗短有力，左右错开，蓄势待发。神态逼真，劲健威猛。通体施白色化妆土，大部分已脱落。

（魏旭）

NO. **026**

陶牛

（2013YCM2：188）

唐代

长36、宽12、高21厘米

泥质灰陶。牛首微仰，双目圆睁，两角短而上翘。颈下垂肉发达，身体粗壮而圆硕，肩部高耸，腰部凹陷，尾盘曲于后脊背。四肢站立，粗短有力，前肢错开。形象威猛。通体施白色化妆土，大部分已脱落。（魏旭）

陶猪

（2013YCM2：59）

唐代
长 23、宽 6.5、高 16.5 厘米

泥质灰陶。体形肥硕。头部低垂，目视前下方，小耳外张，尖长嘴。颈部鬃毛高耸，腹部微鼓下垂，尾上翘卷曲。四肢直立，劲健有力。做工细致，形象生动。外表残留白色化妆土，大部分已脱落。（孙晨）

萧后墓

陶猪

（2013YCM2：63）

唐代

长20.6、宽8.5、高14.4厘米

泥质灰陶，陶质细腻、坚致。体形肥硕。身体向左倾斜，头部低垂，目视下方，弧形耳上翘，尖长嘴。颈部鬃毛高耸，腹部微鼓，臀部抬起，尾贴于臀右侧。四肢粗壮，四偶蹄宽大，立于长方形底座上。外表残留白色化妆土，大部分已脱落。（刘刚）

185

陶猪

（2013YCM2：98）

唐代

长21、宽6.7、高14.4厘米

泥质灰陶。头微昂，目视前方，小耳贴于两侧，尖长嘴。颈部鬃毛高耸，腹部微鼓下垂，尾卷曲上翘贴于臀部。四肢直立，前后腿叉开，似作发力状。外表残留白色化妆土，大部分已脱落。（孙晨）

187

陶猪

（2013YCM2：105）

唐代

长24、宽7、高16厘米

NO. 0 3 0

泥质灰陶。头部正对前方，双耳外张，尖长嘴。颈部鬃毛高耸，腹部圆鼓下垂，尾卷曲贴于臀部。四肢前后错位，作行走状，劲健有力。做工细致，形象生动。外表残留白色化妆土，大部分已脱落。（孙晨）

陶猪

（2013YCM2：110）

唐代
长24、宽7、高16厘米

泥质灰陶。体形肥硕，状似野猪。头微昂，双目凝视前方，弧形耳微翘，尖长嘴，口紧闭。颈部鬃毛高耸，腹部圆滚，尾向上左卷贴于背部。四肢直立，四偶蹄宽大。外表残留白色化妆土，大部分已脱落，局部有彩绘痕迹。（刘刚）

萧后墓

陶猪

（2013YCM2：107）

唐代

长24、宽8、高15.8厘米

泥质灰陶。头低垂，怒视前方，双耳外张，尖长嘴。颈部鬃毛高耸，腹部圆鼓下垂，尾侧卷扬起搭于臀部一侧。四肢直立，重心后倾，立于长方形底座上。做工细致，形象生动。外表残留白色化妆土，大部分已脱落。

（孙晨）

陶羊

（2013YCM2：84）

唐代

长 18.8、宽 5.7、高 18.2 厘米

头及前肢保存较为完整，其余部分残缺修复。泥质灰陶。回首站立状，目视前方，双角弯曲盘起，小耳侧立。外表残留白色化妆土，大部分已脱落。（薛炳宏）

191

萧后墓

陶羊

（2013YCM2：85）

唐代
长19、宽7、高18.7厘米

泥质灰陶。回首站立状，头上昂，小耳侧立，四肢同步，作行走暂停之势，尾短粗微翘起。外表残留白色化妆土，大部分已脱落。（薛炳宏）

陶羊

（2013YCM2：86）

唐代
长 26.5、宽 7.5、高 15.3 厘米

四肢及身局部残缺。泥质灰陶。垂首站立状，双角向后弯曲，两耳垂贴，胡须下垂，腹部微鼓，尾短粗贴于臀间。身有龟裂纹，外表残留白色化妆土，大部分已脱落。（薛炳宏）

NO. 036

陶羊

（2013YCM2：108）

唐代

长 28、宽 6.4、高 17.5 厘米

泥质灰陶。站立状，头微低垂，双角卷曲盘起，两耳垂贴，唇下有三角形胡须，腰部圆肥，尾短粗。外表残留白色化妆土，大部分已脱落。（薛炳宏）

陶羊

陶羊

（2013YCM2：101）

唐代
长 27.5、宽 5.7、高 20.5 厘米

泥质灰陶。体形消瘦。站立状，昂首前伸，双目突出，目视前方，两耳垂贴，尾短小贴于臀间。外表残留白色化妆土，大部分已脱落。（薛炳宏）

NO. 0 3 8

陶羊

（2013YCM2：169）

唐代
长 29、宽 8.8、高 21.1 厘米

泥质灰陶。垂首站立状，面部残缺，双角卷
曲盘起，两耳垂贴，腰部圆肥，尾短粗微翘，
足下有长方形底座。外表残留白色化妆土，
大部分已脱落。（薛炳宏）

萧后墓

陶羊

（2013YCM2：170）

唐代

长23.5、宽7.1、高16厘米

泥质灰陶，陶质细腻、坚致。站立状，头微低垂，目视前方，双角卷曲盘起，两耳下垂，唇下有胡须。腰部圆肥，尾短粗垂于臀间，前肢错立，后肢并立，微弯曲似向前迈步状。四肢部位的塑造以铁条为骨支撑，已腐蚀风化。身局部有龟裂纹，外表残留白色化妆土，大部分已脱落。（薛炳宏）

199

NO. **040**

陶狗

（2013YCM2：138）

唐代
长 24、宽 4.3、高 14.3 厘米

泥质灰陶。头低平前伸，目视前方，双耳竖立，嘴微张。身体精瘦，肋骨凸现，收腹贴胸，尾下垂贴体。四肢站立，前肢短于后肢，后肢肌肉发达。整体似在观察猎物，神形生动。外表残留白色化妆土，大部分已脱落。

（刘松林）

陶狗

（2013YCM2：171）

唐代
长 30.5、宽 8.2、高 25 厘米

头部残缺，已修复。泥质灰陶。身体精瘦，收腹贴胸，尾下垂。四肢站立于长方形底座上，前肢短于后肢，后肢肌肉发达。外表残留白色化妆土，大部分已脱落。（刘松林）

陶鸡

（2013YCM2：66）

唐代

长 17、宽 5.6、残高 17.5 厘米

泥质灰陶。公鸡。尖喙，高冠，肉髯，昂首引颈挺胸，注视前方。全身羽毛刻划流利整齐，尾翎丰满下垂支撑，双腿张开，双脚残缺，作站立状。外表残留白色化妆土，大部分已脱落。（胡立珂）

陶鸡

陶鸡

（2013YCM2：97）

唐代

长 17、宽 6.2、高 20.5 厘米

泥质灰陶。昂首挺胸，尾翎高翘，双腿细长，站立于方形底座上，双腿下端有铁锈痕，双足残缺，露铁质支撑物。外表残留白色化妆土，大部分已脱落。（胡立珂）

203

陶几

唐代

8件。泥质灰陶。形制相同，大小相近。几面呈长方形，中部平整，两端弧状卷翘，两腿直立微外撇。腿部镂空有八个长方形孔。器表残留白色化妆土，大部分已脱落。（刘松林）

2013YCM2：159
长21.2、宽8.6、高9.1厘米

2013YCM2：162
长22.1、宽8.8、高9.8厘米

2013YCM2：163
长22.1、宽8.8、高9.8厘米

2013YCM2：183
长23、宽9.1、高9.6厘米

2013YCM2：184

长22.1、宽9.3、高9.6厘米

2013YCM2：185

长22.3、宽8.5、高9.5厘米

2013YCM2：186

长23.1、宽9、高9.5厘米

2013YCM2：198

长21.5、宽9.1、高9厘米

萧后墓

萧后墓

陶灯

（2013YCM2：172）

唐代

口径 14.7、底径 25、高 41.7 厘米

泥质灰陶，陶质细腻、坚致。轮制。由灯盏、灯柄和灯座三部分组成。灯盏呈杯形，直口，圆唇，直壁较深，下部有一周凸棱，凸棱与腹壁之间形成一周凹槽，凸棱下有一圆形孔洞。灯柄呈高圆柱形，下部连接圆盘状底座。器表残留白色化妆土，大部分已脱落。（胡立珂）

陶弧腹碗

唐代

25件。泥质灰陶，陶质细腻、坚致。形制相近，大小略有差别。敞口，圆唇，浅弧腹内收，圜底。部分口沿下有数周弦纹。器表残留白色化妆土，大部分已脱落。（赵静）

2013YCM2：54
口径14、高5厘米

2013YCM2：55
口径14.4、高5厘米

2013YCM2：150-1
口径9.7、高3.5厘米

2013YCM2：150-2
口径14.8、高5.4厘米

2013YCM2：150-3
口径10.1、高3.8厘米

2013YCM2：150-4
口径10、高3.1厘米

2013YCM2：151

口径10.5、高3.8厘米

2013YCM2：161-1

口径14.2、高5.2厘米

2013YCM2：161-2

口径13.7、高4.9厘米

2013YCM2：164-1

口径12.6、高4.2厘米

2013YCM2：164-2

口径9.9、高3.2厘米

2013YCM2：181

口径11.5、高4厘米

2013YCM2：189

口径12.6、高4.4厘米

2013YCM2：190

口径11.8、高3.6厘米

2013YCM2：193-1

口径13.6、高5.3厘米

2013YCM2：193-2

口径12.2、高3.6厘米

2013YCM2：201-1

口径10.4、高3.7厘米

2013YCM2：201-2

口径12.2、高3.9厘米

2013YCM2：204-1

口径9.6、高3.9厘米

2013YCM2：204-2

口径11.8、高4.1厘米

2013YCM2：205

口径10.7、高5厘米

2013YCM2：206

口径13.8、高6.3厘米

2013YCM2：207

口径10.6、高5.4厘米

2013YCM2：209

口径11.6、高5.3厘米

2013YCM2：237

口径12.2、高3.6厘米

215

陶斜直腹碗

（2013YCM2：241）

唐代

口径 12.6、底径 6.4、高 6.7 厘米

泥质灰陶，陶质细腻、坚致。敞口、圆唇、斜直腹，近底弧收，圜底近平。器表残留白色化妆土，大部分已脱落。（吴一丹）

陶盘

唐代

2013YCM2：50
口径21.1、足径15.4、高2.8厘米

2013YCM2：53
口径21.3、足径15.6、高2.7厘米

2013YCM2：56
口径21、足径15、高2.8厘米

2013YCM2：57
口径20、足径15、高2.4厘米

NO. 048

2013YCM2：80
口径20.3、足径14.5、高2.6厘米

2013YCM2：155
口径17.2、足径12.5、高2.5厘米

16件。泥质灰陶，陶质细腻、坚致。形制、大小相同。敞口，腹极浅，外腹弧收，圈足微外撇。器表残留白色化妆土，大部分已脱落。（孙晨）

2013YCM2：156
口径18.4、足径11.7、高2.9厘米

2013YCM2：158
口径17.8、足径9.6、高2.1厘米

2013YCM2：182-1

口径18.5、足径11、高2.9厘米

2013YCM2：182-2

口径18.5、足径11、高2.9厘米

2013YCM2：182-3

口径18.5、足径11、高2.9厘米

2013YCM2：182-4

口径18.5、足径11、高2.9厘米

2013YCM2：182-5

口径18.5、足径11、高2.9厘米

2013YCM2：182-6

口径18.5、足径11、高2.9厘米

2013YCM2：182-7

口径18.5、足径11、高2.9厘米

2013YCM2：182-8

口径18.5、足径11、高2.9厘米

萧后墓

萧后墓

陶钵

（2013YCM2：75）

唐代

口径 10.6、腹径 19.2、底径 8.6 厘米

高 11.7 厘米

泥质灰陶。敛口，溜肩，扁鼓腹，平底。口沿下划一周凹弦纹。器表较为光滑，残留白色化妆土，大部分已脱落。（朱超龙）

陶钵

（2013YCM2：192）

唐代
口径 10.7、腹径 19.6、底径 11.2 厘米
高 12.1 厘米

泥质灰陶。敛口，溜肩，扁鼓腹，圜底近平。器表较为光滑，残留白色化妆土，大部分已脱落。（姚施华）

萧后墓

陶罐

唐代

19件。泥质灰陶，陶质细腻、坚致。形制基本相同，大小相近。圆唇外卷，束颈，溜肩，圆鼓腹，下腹内收，平底。器表残留白色化妆土，大部分已脱落。（胡立珂）

2013YCM2：15
口径15.5、腹径29、底径15.6、高28.8厘米

2013YCM2：17
口径14、腹径23.3、底径13.7、高23.7厘米

2013YCM2：18
口径14.6、腹径28、底径16.2、高29.5厘米

2013YCM2：19
口径15.3、腹径29.4、底径16.5、高29.8厘米

2013YCM2：20

口径13.7、腹径23.6、底径14、高22.7厘米

2013YCM2：21

口径14.3、腹径24.4、底径14.3、高24.1厘米

2013YCM2：22

口径14.7、腹径28.1、底径15、高30.5厘米

2013YCM2：23

口径15、腹径25.5、底径14.4、高25.5厘米

2013YCM2：24

口径15.8、腹径22.4、底径17、高29.9厘米

2013YCM2：28

口径15.3、腹径28.4、底径15.4、高28.6厘米

2013YCM2：30

口径12.7、腹径22.4、底径14、高22.6厘米

2013YCM2：145

口径15.6、腹径28.8、底径17.5、高29.1厘米

2013YCM2：146

口径14、腹径25、底径14.8、高24.3厘米

2013YCM2：147

口径13.5、腹径24.4、底径14.2、高25厘米

2013YCM2：148

口径14.2、腹径28.2、底径16.3、高29.8厘米

2013YCM2：152

口径14.3、腹径24.6、底径14.7、高24.8厘米

2013YCM2：153

口径15.3、腹径24、底径15.2、高25.7厘米

2013YCM2：166

口径14.2、腹径25.9、底径15.8、高25.7厘米

2013YCM2：173

口径15、腹径28.8、底径16.7、高35厘米

陶三足炉

（2013YCM2：72）

唐代
口径10.2、腹径18、高20厘米

泥质灰陶。敛口，溜肩，圆鼓腹，下腹内收至底，平底，下附三外撇兽蹄形足。足面模印竹节状纹。器表残留白色化妆土，局部可见彩绘，大部分已脱落。（闫璘）

228

陶三足炉

（2013YCM2：154）

唐代
口径 10.2、腹径 18、高 20 厘米

泥质灰陶。敛口，溜肩，圆鼓腹，下腹内收至底，平底，下附三外撇兽蹄形足。足面模印竹节状纹。器表残留白色化妆土，局部可见彩绘，大部分已脱落。（闫璘）

229

萧后墓

陶带盖三足炉

（2013YCM2：157）

唐代

口径 10.2、腹径 18、通高 20 厘米

泥质灰陶。盖子口，圆弧顶，顶部中间置宝珠纽。炉身敛口，圆鼓腹，下腹内收至底，平底，下附三外撇兽蹄形足。足面模印竹节状纹。炉内置一钵。钵口微敛，弧腹，平底。器表均残留白色化妆土，局部可见彩绘，大部分已脱落。（闫璘）

萧后墓

陶仓

（2013YCM2：266）

唐代

口径 10.4、腹径 18.5、底径 15 厘米

高 26.3 厘米

泥质灰陶。敛口，深腹，腹中部略弧折，平底，底外缘附三兽蹄形足。腹壁上部开一方形小门。器表残留白色化妆土，大部分已脱落。（朱超龙）

陶杵

（2013YCM2：51）

唐代
长31.5、宽（厚）3、高7.5厘米

泥质灰陶。由踏板、杵头和杠杆轴三部分组成。杵为圆柱形，杵头为弧形，踏板前为方形，脚踏处较薄。杠杆轴置于中部偏后，为圆形短轴。臼、架等不存。器表残留白色化妆土，大部分已脱落。（刘松林）

233

NO. 057

陶磨

（2013YCM2：149）

唐代

直径16、通高6.5厘米

泥质灰陶。由上、下两合组成，两合尺寸相同。上合顶部凸起，中间有圆形凹槽，中有一隔梁，将其平分为二，隔梁两侧各有一圆孔，外围有四个对称的L形圆孔，自顶面贯通至侧壁。两合磨面均分八区刻划长短排列规律的凹凸齿痕。器表残留白色化妆土，大部分已脱落。（吴一丹）

陶磨

（2013YCM2：174）

唐代

直径16、通高6.5厘米

泥质灰陶。由上、下两合组成，两合尺寸相同。上合顶部凸起，中间有圆形凹槽，中有一隔梁，将其平分为二，隔梁两侧各有一圆孔，外围有四个对称的L形圆孔，自顶面贯通至侧壁。两合磨面均分八区刻划长短排列规律的凹凸齿痕。器表残留白色化妆土，大部分已脱落。（吴一丹）

237

后记

隋炀帝墓由南京博物院、扬州市文物考古研究所、苏州市考古研究所三家单位联合主持发掘，取得了重要的考古成果，曹庄被确定为隋炀帝与萧后的最终合葬之所，引起国际、国内广泛关注。自2013年考古发掘至今已历12年，其间举行了两次国际学术研讨会：一是2014年10月，第一届「隋炀帝与扬州」国际学术研讨会；二是2023年11月，在隋炀帝墓发掘10周年之际，第二届「隋炀帝与扬州」国际学术研讨会再次在扬州举行。

考古发掘以来，隋炀帝墓本体保护工作持续开展，先后完成了隋炀帝墓地下防渗漏工程、墓葬本体加固保护工程、景观塑造和环境整治工程、本体保护设施及陈列馆建设等。2024年2月，隋炀帝陵遗址公园建成并对外开放试运营，产生了积极的社会影响。另外，相关研究论文频频发表，并且先后出版了《流星王朝的遗辉——「隋炀帝与扬州」国际学术研讨会论文集》（苏州大学出版社，2015年）和《雷塘数亩田——扬州隋炀帝陵发掘和展示》（广陵书社，2017年）两书。2014—2016年，扬州市文物考古研究所与陕西省文物保护研究院合作开展了萧后冠的实验室考古清理与保护工作，并出版《花树摇曳 钿钗生辉——隋炀帝萧后冠实验室考古报告》（文物出版社，2019年）一书。

本图录由王小迎、刘刚主编，魏旭、薛炳宏、张富泉副主编，秦宗林、闫璘、周赟等皆参与了器物的描述工作，器物拍摄由韩成龙完成。这本图录的出版，是对隋炀帝墓出土文物研究新的开始。我们相信，随着研究的不断深入，这些文物将为大家揭示更多关于隋炀帝时代的奥秘。

在此，首先要感谢各级行政主管部门和领导对隋炀帝墓考古发掘、保护与研究工作的关心和支持。同时，还要特别感谢参与隋炀帝墓考古发掘的单位和发掘人员，是他们的辛勤付出，让这些沉睡千年的文物重见天日；感谢实施文物保护的单位和文保人员，是他们的精心呵护，让文物得以完好保存；感谢各位专家学者，是他们的专业指导和学术支持，让我们对文物的解读更加深入和准确；感谢参与本图录编写、设计、排版、印刷等各个环节的工作人员，是大家的共同努力，让这本图录得以顺利出版。

最后，需要说明的是，虽然我们本着严谨的态度，力求每一段文字准确无误，但图录中难免出现谬误，还望读者海涵。